JN257640

あなたは
あなたのままでいい!

自分とうまくつきあう方法27

ライフコミュニケーションコーチ
山﨑洋実

講談社

02

もっともっと幸せで、楽しい日々が待っている！

こんにちは。山﨑洋実です。私はこの10年で、延べ5万人以上の女性たちに向け、講座を開いてきました。「もう悩む必要はないよ。もっとラクに生きていいんだよ」とみんなを幸せに導くような(というとちょっと大げさかな)講座です。お陰さまで口コミで広がり、いつの間にか講座の開催は1000回を超えていました。

そんな中、私の講座を聴きにきてくれる人に多い、ある傾向に気づいたのです。

- つい、自分にダメ出ししてしまう
- 「もっとがんばらなくちゃ、人に認めてもらえない！」と思っている
- 周囲の目を気にする
- すぐ、人と比べてしまう
- 自分の「正しさ」を他人に押しつけようとする
- 過ぎてしまったことをいつまでも後悔する

03

なんていうタイプの人です。もしもどれかが「それって、私にも当てはまる！」と思ったら、ぜひ、この本を読んでみてください。

ちなみに「自分で何気なくやってきたことが、実はコーチングだったんだ」と、コーチングを勉強して初めてわかった私。だから講座では、コーチング理論ありきではなく、私が生まれつきそういう思考だったため、「私がやってきたこと、感じたこと」をお話しししています。この本も同じです。「こういう理論があるから、こうしましょう」ではないんです。私が普段、人と接するときに心がけていること、その考え方などを紹介しているので、他のコーチング本とはちょっと違うかもしれませんね。私の講座は「わかりやすさ」も人気の秘密。この本でもそれを強く意識したので、きっとあなたの心にも届くはず（！）です。

「ひろっしゅコーチ（受講生のみなさんからは、親しみをこめてこう呼ばれています）のようにやってみたら、人づきあいがラクになってきた」「生きやすくなってきた」なんて感じてもらえるようになるとうれしいです。

今よりもっと幸せで楽しい日々が過ごせるあなたになりますように！

目次

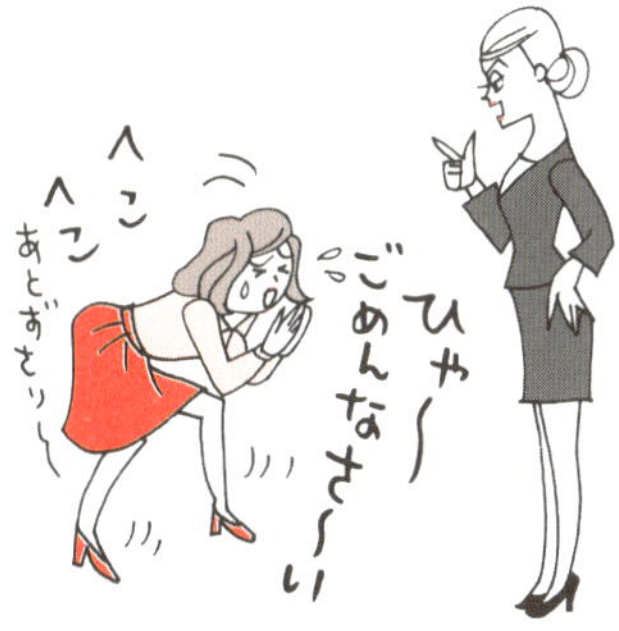
ひゃ〜ごめんなさ〜い
ヘこヘこ
あとずさり〜

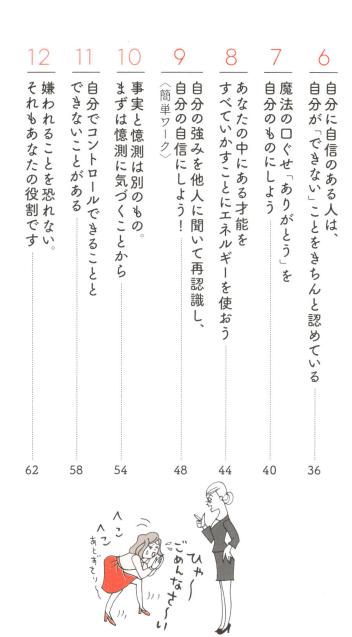

しまった！
ガッ

やっぱり素敵なカフェね♡

この本の使い方

この本には、27個の幸せになれるヒントが
つまっていますが、
あなたはどんなふうに読みますか？

1 初めから通して
最後まで読む

2 自分の気になった
ところだけを読む

3 その日、開いた
ところだけを読む

09

この本にはいろいろな使い方があり、どれでも正解です。ただし、一つでも二つでもいいので、ぜひ、**気になったことを実践して**ください。

これは「読んで終わり」の本ではありません。「やってなんぼ」の本です。それも**くりかえし、くりかえし、やってみる。**

私たちは、自分にしみついたクセや行動、考え方を簡単に変えることはできません。一度ついた自分のパターンはなかなか手ごわいもの。「変えたい！」と思っても、簡単に変えられないことってたくさんあります。

そこで、気になったことをくりかえし、やってみてほしいのです。

そして、もう一つ。**紹介していることを全部やる必要はない**、ということも最初にお伝えしておきますね。**全部できるようになることがゴールではありません。**すべてできなくても、かまわないのです。どれか一つでも二つでも、自分の体にしみついていけば絶対、何かが変わります！　**完璧なんて目指さないでください。**

千里の道も一歩から。この本も、まずは一つから。興味を持ったものからやってみる。そして、「これっていいかも！」と感じたら、くりかえし実践してみる。それだけを心がけてくださいね。

1

「正しさ」に
ふり回されるのは、
もうやめよう

以前、講座に、とある心理学を学んでいた人が来てくれました。彼女はとても勉強家で、有名女子大卒。まじめな優等生タイプとお見受けしました。

そんな彼女、講座のあと、私のところにやってきて質問したんです。

「〇〇心理学では、感情にフォーカスせずに行動しなさいと習いましたが、コーチの講座では、感情をよく見つめようと言っています。これはどっちが正しいんでしょうか？」と。

私は「おお！　きたぞ！」と思いました。このような優等生タイプの人は、白黒はっきり、正否を知りたがる傾向があるんです。もしかして、テストで〇×をつけられ、点数で評価されることを価値基準にして生きてきたことも関係しているのかもしれませんね。

絶対的な正しさが欲しくなってしまう。絶対的な正解を探しにいってしまう。それで、こんな質問が出てしまうんです。

そこで、私はこう答えました。

「なんのためにこの講座を受けにきたのかな。ハッピーになるためだよね。としたら、あなたはどっちの方が『ラクだなぁ、幸せだなぁ』と感じるの?」と。

すると、私が講座でお伝えした「感情をよく見つめる方が気持ちいい」という返事です。

「じゃあ、気持ちいい方をやってみたらいいんじゃないかな」

ようやく彼女は納得できた様子でした。

どれが正しいのか、どれが正しくないのかを選択するのは、あなた次第。あなたが「これだ!」と思ったことをやればいいんです。あなたにとっての正解は、他の人の不正解かもしれません。でもあなたがそう信じ、それがラクだと感じるなら、それでいい。他の人のことは関係ないんです。**あなたの人生はあなたのもの**なんだから。

正しいかどうかよりも、自分の気持ちに正直に。

正しさよりも自分の気持ち

2

私たちはいつも自分の世界の中で生きている

世の中にはいろんな人がいますが、私たちはだれもが自分の世界の中で生きています。価値観だって人それぞれ。自分のものさしの目盛りと、他人のものさしの目盛りは違うのです。

だから自分の正しさと他人の正しさも違います。自分にとっての「～すべきこと」が、他人にとっての「ありえないこと！」だったりもします。それがたとえ信頼すべきパートナーだったとしても。

例えば、友だちと「レストランの予約は12時だから、それより少し早めに駅に来てね」という約束をしたとしましょう。

「少し早めに」

さて、あなたなら何分に駅に行きますか？

11時57分の人もいれば、11時45分の人、11時30分の人もいるかもしれません。そして、57分に来る人は、30分に来る人に「普通さぁ」などと言ったりしませんか？

逆に30分に来る人は、57分に来る人を「こんなギリギリ、ありえない」と思うかもしれません。

みんな自分の世界の中で生きていて、自分の世界では当たり前のことをしているだけ。その、当たり前が違うだけ。みんな、よかれと思ってやっていて、つい、それを押しつけあってしまうけれど、そこで「なんで?」「理解できない!」「どうしてあの人は……」などと思わずに、「他の人なんだから自分と違って当たり前なんだ」「ああ、あの人も自分の世界ではこれが正しいんだな」と思うようにしてみればラクになります。

それに、**正しさだけで人は生きていけません**（もちろん、「人のモノを盗《と》ってはいけない」「人を殺さない」など、人として絶対にしてはいけないことはありますが）。正しいことをするための人生でもないですよね。

こんなふうに思っていると**相手を責めることが減るので、知らず知らずのうちに相手にも影響し、次第に人間関係自体が変わってきますよ**。

本当に片づいたのはどっち？

3

人生のかじ取りは
誰かにしてもらうのではなく、
自分でしよう!

19

あるとき、こんな質問を受けました。

「今、仕事をやめたいと思って悩んでいます。次にやりたいことはまだ自信がないし、どうなるかわからない。ただ、ずっと叶えたかった夢なんです。安定した今の仕事を続けた方がいいんでしょうか。あるいは夢を追いかけていいんでしょうか」

彼女は誰かに「仕事を続けなさい」、あるいは「夢を追いかけていいんだ」と決めてもらいたいんです。それは彼女に限りません。**みんな、正しい答えがほしい**んです。私たちは小さい頃から勉強や試験を通じて、正しい回答を見つける訓練ばかりしてきましたからね。

でも私はこう答えました。「どっちだっていいんですよ」

やめたことを○にするか、×にするかはその人次第。冷たいようですが、やめたいなら、やめればいい。自分の本当の心の声をよく聞いてみるしかないんです。

安定した今の仕事をやめ、自分のやりたかった夢を追いかける。最初は芽が出なくても、いつかみんなに認められる日が来るかもしれない。来ないかもしれない。

それは誰にもわからない。**自分の人生の決断を自分で「よし！」と納得できるか**だけ。他の人に決めてもらった答えに従って行動してみたら、失敗した。そんなとき、あなたは後悔しませんか？

「みんながいいって言うから」「あの人がこうだと言うから」そんな誰かの答えを自分の答えにすり替えて、正しいと思いこみたがってもムダなこと。

答えは自分で決めるもの。人生のかじ取りは他の誰かではなく、自分でしましょう。だって、あなたの人生なんだから。他の誰も、あなたに代わってあなたの人生を生きてはくれないのですから。そして決めたらもう後悔したりせず、選んだものが「よかった！」となるように努力する方が建設的ですよね。ちなみに、こういうタイプの人は、一度決めたことをまた後悔する傾向でもあります。

私は何かを決めるとき、なんのためらいも未練もありません（たまにはあるけどね）。一度決めたことや、動き出したことに関しては、そのときの最善だったと割り切るようにしていますし、自分の直感も信じています。**自分で決めれば、失敗だったとしても、悔いなし**（それに本当に失敗だったかなんて、わからないからね）。

進む道は自分で決める！

遅れるわよ！ピアノのおけいこ行きなさい！
バイエル
ジタバタ
バタ
ぜーったいいやだー!!
友人に相談
ってこうなの。やめさせた方がいいかしら？
でもね
習いごとを途中でやめると、根気のない大人になりがちです
って教育評論家がテレビで言ってたしどうしましょ？
どっちでもいいんじゃない？私だって子どもの頃途中でそろばんやめたけど
立派に根気よく仕事してるもの！
商社OL→
そうか
ならば私は…
大きくなったら何になりたいの？
テニスプレイヤー
エア・ケイだー!!
わかった。ピアノはもういいわテニス教室行きましょ
しゃもじはやめてね…
やったー！
ピョン
もう迷わないわ！子どものしたいことをさせるこれで決まり！

4

幸せへの近道は、シンプルに、徹底的に、やり続けること

私はこの10年間、ママ向けの講座を続けてきましたが、その中身に大きな変化はありません。事例を変えたりして、そのときらしさを出すようにはしていますが、基本は同じことを伝えています。

「他人にふり回されないで」「自分のクセに気づこう」「他人はコントロールできないよ」「ありのままの自分を認めて」などなど、コンテンツを増やさずシンプルに同じことを、手を替え品を替え、伝えてきています。

10年もやっていると、周囲で活躍されている他の講師の方々をたくさん目にします。流行にのって何かを始め、最初は盛り上がるんだけどそのときだけで、飽きられたら終わっちゃう人もいれば、一方で長く活躍されている人もいます。そんな人には共通点があるんですが、なんだかわかりますか？　**「それだけ」をやっている人**なんです。あれこれと手を出さない。それだけをひたすらやっている。

私も、聞いてくれるみなさんの心の土台や軸をしっかりさせ、元気で幸せになってもらうことをコンセプトにずっとコーチングを続けてきました。だからこそ、今の私があります。

そこで、ぜひ、みなさんもこの本の中の一つだけでもかまいません。**徹底してやり続けてほしい**んです。

講座で、「話したキーワードを紙に書いて、冷蔵庫にはっておいてください」とお伝えすることがあります。すると、必ず誰かが「風水では冷蔵庫に紙をはることはよくないと言いますが、それでもはった方がいいですか？」と質問してきます。

玄関は毎日掃除すると運気がアップする、台所には黄色のグッズを置くと金運が上がるなどなど、巷には山のように情報があふれています。あれがいいと聞けば、あれをやり、これがいいと聞けば、これをやり。でも、ふと立ち止まってみると、結局、すべてが中途半端で終わってしまい、また次の何かを探している……。

誤解を恐れずに言いますが、それって、正直、**どっちでもいいんです**。冷蔵庫に紙をはろうがはるまいが、なんだってあり。**自分が信じてさえいれば**（↑ココ、大事）！

家をきれいにする秘訣って、一日5分でいいから、毎日、必ずどこかを掃除することなんだそうです。

本屋さんには片づけ本や掃除術の本が山のように積んであります。でも、どんなにノウハウを知っていても、それだけで家の中はきれいになったりしません。「あんな方法があるんだ！　すごい！」「これなら片づきそう！」と本を読むたびに感動し、どんなにノウハウコレクターになっても、実際に掃除しなかったら家の中は散らかったまんま。

それよりも「たった5分でいいから毎日徹底して掃除する！」のが大事なんです。

先日、仕事で香港に行ったときのこと。どんな巨大な高層ビルでも、よく見るとどこかしらに〝穴〟が開いています。ビルに穴、マ

ンションにも穴。「耐震は大丈夫なのかしら」と余計なことまで思ったりもして、本当にびっくりでした。

香港の人たちは風水をとても大切にしていて、その穴は、「気」をよくする竜が通り抜けるための道だそうで、見た目もちょっと不思議だったりするのですが、あの徹底ぶりはすごい。「徹底的」が好きな私は、香港がとても気に入りました。

みなさんもどうせ何かをするのなら、徹底してください。

「これをするといいんだって」「あっちも幸せになれるって」「いやいや、それをすすめている人もいた……」と**あれこれ手を出そうとしている自分に気づいたら、そこで、STOP!** 自分で「これ!」と決めてそれだけをやり続けましょう。それが幸せへの近道なんです。

シンプルに、徹底的に、やり続けていると、とぎすまされ、見えてくるものって絶対にあります。この本の中からも一つでいいので「これ!」を見つけて続けてくださいね。

目移りばかりで運気を逃すな

こぼれ話

信じるものをやり続けたら、その人の自信になる！

今も元気に暮らしている昭和19年生まれの私の母。ちょっとそんな母の話をさせてくださいね。

母は、子どもを信じる力がものすごくある人でした。今、子育てで子どもへの声かけが重要視されますが、そんな話が出てくるずっと昔から、母はとにかく私たち兄弟のことをほめて育てました。人前では謙遜するという日本人の美徳なんて、どこへやら。近所の人に私たちがほめられると、「そうなのよ。いい子でしょ。育て方がうまかったのよねぇ」と真顔で返事するほどでした。

先日、母と一緒に家族で食事をしていたのですが、そのときもびっくり発言が。家事全般が人並みにできない娘（私）をもらってくれた主人に対し、「よっちゃん、うちの子はみんな立派に育てたからね！」と言い切っておりました。心の中で私は「ど、どの口が言うの？」とおののいていましたが、母の本心から出た言葉でした（主人には、「妻という役割からすると申し訳ないこともいろいろあるけど、毎日、楽しく過ごせてるからいいよね」と密かに思う私です。笑）。

「そう信じて、あの世へ行けるお母さん、幸せだわぁ」と思うのですが、うちの母、私たちに二つだけ、口を酸っぱくしてしつけてくれたことがあります。

それは、「玄関の靴はそろえなさい」と「あいさつはきちんとしなさい」。

これは本当に厳しかった。しつこく注意され、よく怒られました。ただ、これ以外は何もなし。私は一度も「勉強しなさい」と言われた覚えがありません。できのよかった1歳下の妹と比較されたこともない。とにかく、先の二つだけ。

おそらく、母には「玄関の靴とあいさつだけはちゃんとできている。これで万事、完璧にしつけた！」という自負があるのでしょう。だからそんな強気とも受け取れることが言えるのです。やり直しのきかない子育てを○で終えられるっていいですよね。

そんな母を見て、ますます私は確信しました。**「一つでも二つでもいいから自分が信じてきたものをやり続ければ、必ず、その人の自信になるんだな」**って。

5

起こったことを、「○」にするか、「×」にするかは、自分次第

あなたは「事実」と「解釈」と言われて、ピンときますか？　実はこの二つの概念、とても大事なんです。

この前の大晦日、ちょっと奮発して温泉に泊まりに行きました（年末は通常の3倍料金……）。部屋の窓からはきれいな海が広がっています。「これはいい初日の出が拝めそうだ」と内心、ワクワクして眠りにつきました。

そして、いよいよ元旦！　張り切って早起きし、カーテンを開けてみると、そこにはどんよりとした雲が……。雲の上方から、昇りかけた太陽の光がようやくのぞいているといった程度です。思い描いていた初日の出とはまるで違っていました。

正直、がっかり。

でも、ふと気づいたんです。事実はこれだけ。

「今日の朝は、空に少し雲が出ていた」

それを勝手に、初日の出だから、とか、大晦日にわざわざ泊まりにきたのに、とか、**理由をつけて解釈するのは、私の勝手。よいも悪いも自分で決めていた！**

と、新年早々、気づかされました。

私たちはシンプルに物を見るのがむずかしい。**自分勝手に、自分の都合にあわせて物ごとをとらえ、解釈するのがクセになっています。**

起こったこと、その事実は一つだけ。としたら、物ごとをどこからどう見るか、解釈次第でそのできごとはどんなふうにも受け取れます。そのときの自分の立場や都合から物ごとをとらえるのではなく、**常に起こったこと、事実だけを俯瞰して見るようにしてみましょう。**

すると、「雲がかかっていただけだ」と事実をシンプルに見られるようになり、ありのままを受け取れるようになります。

自分のかたよった物の見方に気づくと、どんなことも勝手にジャッジして○や×をつけなくなり、いろいろなことにふり回されないようになるのです。

そして、さらにそこからもう一歩。**どんな事実にフォーカスするかで人生は大き**

く変わります。

先日、我が家は車をA社のものからB社のものに替えました。すると、それまでほとんど見かけなかった（と思っていた）B社の車が近所に実に多いこと！　前にも横にも、あちこちにB社の車が走っているんです。

「人って、自分がフォーカスしている情報だけをしっかりキャッチしているものなんだなぁ」と改めて思った次第です。

これは、幸せについても同じこと。

常にマイナスにフォーカスしていると、「あ、またバスに乗り遅れちゃった」「打ち合わせの場所が遠いなぁ」と悪い面ばかりに目がいき、結局、「今日もついてない一日だった……」で終わってしまいがちです。

でもプラスにフォーカスしていれば、「乗り遅れたけれど、思いがけず次のバスがすぐに来た！」「打ち合わせ場所は遠いけど、気になっていたお店のすぐ近く。帰りに寄ろう。ラッキー。いいこと、いっぱい！」と考えることができ、最後は

「今日もハッピー♪」に。

私はそんなふうに、物ごとを見るようにしています。

幸せな人って、いつもツイているラッキー体質というわけではないんです。みんな平等です。ただ、どこにフォーカスしているかだけ。**何をどう見るかで受け止め方は全然違ってくるし、人生はいかようにでも変わります。**

事実をありのままにとらえ、プラスにフォーカスできるようになると、もっとラクに、幸せに、生きていけますよ。

〈簡単ワーク〉

物ごとを勝手にジャッジして、○や×をつけている自分に気づいたら……

↓「事実は、○○○が○○○だ」と3回、口に出して唱えてみるハッピーをキャッチして！

6

自分に自信のある人は、自分が「できない」ことをきちんと認めている

質問です。「私は、自分のできないことを堂々と人に言える」

あなたは「YES」？　あるいは「NO」？

実はこの質問で、自分に自信があるかないかがわかってしまいます。**自分に自信がある人って、自分のできることとできないことがちゃんとわかっているし、できないことを認められる**んです。

例えば私はボタンつけが苦手です。主人のワイシャツも、ボタンが取れて何ヵ月もそのままだったので、「そろそろ、どうにかしたいなぁ」と思っていたら、ある日、洋服のお直し屋さんを見つけました。ボタンつけなんて断られるかしらと、恐る恐るお願いしてみると、あっさりOK。1個350円也。

「なんだ、たった350円で、ずっと心に抱えていたモヤモヤが晴らせたわ！」さらにお店の売り上げにもなり、もしかして、スタッフの雇用にも貢献しているかもと、急に大きな気持ちにもなり、それからは悩むことなくボタンが取れたらそこに持っていっています。

できない自分を認めるのは、正直、やっかいです。私たちはどんなことでも、「できるのがいい、できないとダメ」と思いこんでいるので、できない事実を目の前に突きつけられると、「どうせ、私なんて……」とへこむ一方、できない自分を見たくないので認められません。

ボタンつけの話をすると、受講生からも「よくこんなことをオープンに話せますね」と意外な反応が返ってきます（苦笑）。でも、できないことがあったって別にいいんです（というか、できないことがあって当たり前なんです）。それができなくても、私は私なんだから。へこむことなく、「できない」でいいんです。

もちろん、40も過ぎた大人なんだし、ボタンつけくらい自分でできたら理想的です。けれど、私はもっと他のことで大切なエネルギーを使った方が生き生きするタイプ。**できないなら、できる人に助けてもらえばいい。できないことは堂々と認め、人に頼めることは頼めばいい**んです。

断言しますが、**たりないところばかりに目がいっていると、いつまでたっても幸**

せにはなれません。

初対面でうまく話せない、論理的に物ごとが考えられない、仕事が遅い。私なんてダメだ……。そんな思考は、自分に自信がないからです。できない自分を認められないからです。だからたりないところを見つけては、それを責め、ますます苦しくなってしまう。

でも、**「たりないところを見る」のではなく、「できない自分を認める」**と、とらえ方を変えてみませんか。努力するのは確かにいいことだけど、努力せねばならないものではありません。**「○○ができないから幸せになれない」という制約を自分で作り上げていると苦しいだけ**。できない自分を堂々と認めましょうよ。ありのままだからって、自堕落なんかじゃありません。

人は、本能的に努力せずにはいられない生き物です。もしも私が「これ以上がんばらないでね！」「完璧を求めないでね！」と言ったとしても、努力してしまうような人（あなた！）だからこそ、この本を手にしているんだから。

7

魔法の口ぐせ
「ありがとう」を
自分のものにしよう

41

あなたは「ごめんなさい」と「ありがとう」のどちらをよく口にしますか？

以前、一緒に仕事をしたライターさん。正直、数回、取材すればすむような内容だったのに、結局、何度もお会いすることになり、原稿もあれこれと練り直し、ようやく形になったことがありました。

熱心だし、私の文章を私らしく整えようとがんばってくれ、お会いしていて楽しかったので、何度も取材されることを気にしていなかったんですが、彼女はそうではありませんでした。

「おいそがしい中、何度もお時間を割いていただくことになってしまい、本当にすみません」と取材のたびに口にされ、かえってこちらは恐縮。嫌みでなく、単に正直な気持ちとして「今日も長時間、大変だったよね。でも楽しかった。ありがとう」と取材後にメールすると、「理解が遅くてごめんなさい」という返事です。

「ううん、謝ってほしいわけじゃないし、なんか、私が責めてるみたい？」と返って違和感が生まれたりもしました。結局、いいものになったので「終わりよければすべてよし！」だったんですが、そこで気づいたのは、**彼女は自分に自信がなかった**、ということです。「こんなに何度も話を聞いているのに、うまく書けない。ポイントがずれてしまう。仕事のできる人なら、何度も取材しなくていい記事なのに。私には才能がない。こうしていつもみんなに迷惑をかけちゃう。私なんて……」というように、自分にダメ出ししちゃってたんですね。

でも、「こんなに根気強くつきあってくださって、本当にありがとうございます」と返すことだってできるはず。私だったらそう言っちゃう。

口ぐせ、つまり自分が無意識によく使っている言葉には、人との関わり方の意識や物事のとらえ方が見事に反映されます。一度、自分がどんな言葉を使うのか、洗い出してみてください。

そして「ありがとう」に関連して、もう一つ。

家族ぐるみでおつきあいしている友だちがいるんですが、その家はお邪魔すると、とっても気持ちがいいんです。なぜか？

原因は、ご夫婦のやりとりです。そちらのお宅のご主人、とにかく気がつき、腰が軽い。なんでもさっさとこなしてくれる。私が友だちと話しこんでるときに宅急便が来たんですが、何も言わず、当たり前のように即対応。おみごと！

でも、その後の友だち、つまり妻の対応もえらい。すかさず「ありがとう」。そうなんです。ご主人がしてくれることに対して、なんでも「ありがとう」を欠かしません。それも「やってもらって当たり前」という意識がみじんもなく、心の底から感謝している雰囲気がにじみ出ています。

だからそれを聞いているこちらもすごく気分がいい。だから遊びにいくと、つい、長居しちゃう。これって、夫婦、いや、家族、いやいや、どんな人とでも円満にやっていく大事なコツだということを教えられました。

あなたもこの**魔法の口ぐせ、「ありがとう」を自分のものにしてください**。これからは仕事のミスを助けてもらったら、「ごめんなさい」よりも「ありがとうございます」で行きましょう！

8

あなたの中にある才能をすべていかすことにエネルギーを使おう

先ほどの「ボタンつけ」で薄々気づかれたかもしれませんが、私は〝家事力〟がほとんどありません！　洗濯物を干すのは好きだけれど、たたむのは苦手。料理もさほどうまくないし、盛りつけもセンスがない。先日、主人が家にいたとき、電話で外から「これから夕飯の買い物をして帰るけど、冷蔵庫に何がある？」と聞いたところ、返ってきたのが「卵と、牛乳と、ニンジンと……生ゴミ」でした。

生ゴミ！　そうなんですよね。使い切れない食材をよく腐らせてしまうんです。

仕事は別として、友人との待ち合わせにも遅れがちだし、貯金も苦手。整理整頓もできないし、事務能力もありません。さらに、ひと言、余分だったりもします(これがコーチングの講座では生きてきます　笑)。

きちっとした人から見れば、ダメなところ満載ですが、みなさんから「毎日、楽しそうでうらやましい」「ひろっしゅコーチみたいになりたい」などとうれしい言葉をちょうだいすることがあります。

それってなぜでしょう。

私はある人からこんなことを言われました。「人はみんな、なにかしら五つくらいの才能を持っている。でもひろっしゅは四つしか才能がないよね」って。

正直、「え!? 講座は口コミだけで広がっているし、本も出せてるのに、六つとかじゃなくて、四つだけ?（心の声。苦笑）」と思いました。

ところが続きがあって、「でも、ひろっしゅはその四つをきっちり使ってるよね」と。すると即座に、「そう! 私、ちゃんと四つ使ってる自信がある!」と答えていました。私はなぜか自分のすべてを使っているという感覚があるんです。

あなたはどうでしょう。「私は自分の才能を全部きっちり使えている!」と断言できますか? 「なにもとりえがない」なんて思っていませんか?

10年間、コーチングなるものをやってきて、よく感じるんです。**自分の才能を全部使い切っていないのに、「自分には何かたりない」と、六つ目を探してしまう人が実に多い**。もったいない! って。

「自分には何かたりない」「もっと輝ける自分があるはず」と〝自分探し〟をして、模索したり悩んだりしている人って、世の中には本当に多いんです。女性だけじゃなく、男性でも。

習いごとをしたり、資格を取ったり、誰かの話を聞きにいったり……。もちろん、それが悪いのではありません。でもね、自分の中にあるものを使い切らずに次を探すことはないんです。**探しにいかなくても自分の中にある**んだから。あなたが気づいていない大きな才能が！

つい、外に目を向けがちですが、**どんな人にも自分の中に眠っている才能は必ずあります**。まだ見つかっていないか、見つけようとしていないか、あるいは、いかしていないだけ。

「まだ才能が見つかっていないかも」という人には、この本が、新たな才能を見つける手助けになるとうれしいです。そしてあなたの五つの才能を無意識のうちに最大限に使えるきっかけにもなれたら、言うことなし！

9

自分の強みを
他人に聞いて再認識し、
自分の自信にしよう！

あなたは人からほめられたとき、どう返事をしますか？　私はほめられると、がっつり食いついて（笑）、**「たとえば、どんなふうに？」と必ず聞いています**。それも単刀直入に。

すると、「いじられキャラだよね」「表裏がないのがいいな」「うそをついたり、きれいごとを言ったりしないでしょ」などとみんな教えてくれるんです。

先日、フジテレビアナウンサーの佐々木恭子さんと対談させていただく機会がありました。彼女はテレビで拝見している以上に本当にステキで魅力的な人で、お話ししていて心地よい。意気投合して大盛り上がりし、取材のお礼までメールしてきてくれました。

そんな中、ほめてくれた佐々木さんにもしっかりと前述の質問をしていた私。するとこんな感想をくれたので、ちょっとご紹介しますね。

「私、ひろっしゅさんからメチャ学ぶのは、誰かがほめてくれたときに、『そんなことないです、いやいや』って謙遜せずに、『そんなほめられ方、すごくうれしい。自分では気づいてないんだけど、具体的に言うと？　たとえば、どんなところが？』って聞けばいいんだ！　ってことです。
伝える人も『ああ、喜んでくれてるんだ、もっと伝えたいなぁ』って思えますよね。日常会話で使ってみようっと」と書いてくれました。うれしい！

こんな話をすると、「どうして『私のいいところを教えて』なんて堂々と聞けちゃうの？」と驚かれることもあります。たぶん多くの人が、「自分にはいいところなんて、あんまりない」「人に聞くなんて恥ずかしい」「自信過剰に思われないかな」「聞いても、絶句されたらどうしよう」などと思っているに違いありません。

あなたをほめてくれる人、長くおつきあいしている人はあなたのことを好意的に見てくれているに決まっているんだから、何かしらの魅力を感じています。だから安心して聞いてみましょうよ。

自分では自分のよさって気づきにくいんです。だってどれも**自分では当たり前に**

やっていることばかりだから。

また、自分では「欠点」と思ってしまっていることが、実は「強み」だったりすることもあります。私の場合、小さい頃から「ひと言多い！」と注意されていましたが、今では「普通の人が言わないようなことも指摘してくれる」と言ってもらえたりします。

だからこそ、私は自分の強みがどこにあるのかを知りたい。人がどこを「いい」と思ってくれているのか知りたいんです。

先ほど、7（P44）で人は誰しも五つくらいの才能があるという話もしましたよね。それらの才能はあなたをキラキラと輝かせてくれる大切な強みです。それを知って、伸ばしてほしい。その強みを生かしてほしい。**強みが意識できるようになると、自分の自信となり、自分のことがもっと好きになれます！**

どうぞ臆することなく、あなたと仲よくしてくれている人や身近な人に聞いてみてくださいね。

〈簡単ワーク〉自分のいいところを10個見つけよう！＆人にも聞いてみよう！

これから5分間で自分のいいところを10個、書き出してみましょう。ダメなところはすぐ見つかるけれど、いいところって見つけにくいもの。みんなダメ出しは上手なんですけどね。ぜひ、いいところを見つけてください。

また、あなたの周囲にいる人にも聞いてみましょう。パートナーでも、同僚でも、友人や親でもかまいません。「私のいいところ、教えて♪」攻撃です。みんな意外にあなたのことを見ていてくれて、「OK！」と思ってくれていることがわかるかもしれません。気恥ずかしかったら、この本を見せ、「こんなことが書いてあって……」と切り出してみてください（お返しに、あなたもその人のいいところを教えてあげてくださいね！）。

さぁ、自分のいいところ探し、始めましょう。

53

私のいいところ

1
2
3
4
5
6
7
8
9
10

10

事実と憶測は別のもの。まずは憶測に気づくことから

先ほどP30からは、「事実」と「解釈」について話しましたが、今度は「事実」と「憶測」についてです。

とあるアメリカの心理学者の調査では、人は一日(起きている約16時間)に、約4000もの思考をするんだそうです。一説では、4000どころではなく2万とか、3万だとも聞いたことがあります。確かにあなたも今、頭の中で何かを考えていますよね。

そして、**人は常に頭の中でセルフトークもしています**。トラブルがあったり、悩みごとがあるときは特にそう。**できごとに対して、たいてい悪い方にフォーカスして、マイナスのセルフトークをしている**んです。

例えば、先輩が機嫌悪そうにやってきて、あなたに向かって、一言、二言、指示出しし、ブスッとしたまま自分の席へ戻っていったとします。

そんなとき、こんなふうに思ったりしませんか？「私、先輩に何かしちゃった?」って。

「昨日、作成した資料がイマイチだった？」「さっきの企画会議で余計なこと言っちゃったの？」「朝、目があったのに、あいさつしなかったから？」

どれも**頭の中で勝手に話を進めている**のがわかるでしょうか。セルフトークによって勝手に自分で悩みを大きくしている、よくあるパターン。これはあなたの解釈、憶測です。

では、事実は何でしょう。「先輩が機嫌悪そうにあなたの元へやってきて、言葉少なく指示出しし、席へ戻った」というだけ。

憶測する前に事実を確認してください。憶測は時間のムダ。本人に事実を聞いてみたら意外と、「いや、頭が痛くって。そう見えた？ ごめんね」だけかもしれません。

聞けないのなら、「憶測はムダ」と割り切って。「今日は機嫌が悪かったのかもね」で、おしまいに。

ただ、もしも本当に先輩が何かであなたに対して怒っているとしたら、それはそれ。ちゃんと謝り、あとはスッパリ切り替えましょう。

憶測よりも確認してスッキリと！

11

自分で
コントロールできることと
できないことがある

59

「他人と過去は変えられない。変えられるのは、自分と未来」という有名な言葉がありま す。あなたも聞いたことがあるかもしれませんが、これ、本当にその通り。

変えられるものは、「自分と未来」。

自分の考え方やクセ、思いこみなどは自分自身のことなので、もしも気づいたら、時間はかかるかもしれませんが、変えることができます。そして未来もこれからのこと。自分の選択次第でどうにでもできます。

一方、**変えられないのは、「他人と過去」**。

後輩のプレゼンの仕方、先輩の指示の出し方、同僚の机の整理整頓具合に、ついイライラしてしまうことはないでしょうか。パートナーの食器の洗い方、洗濯物の干し方にダメ出ししてはいませんか。

でも、それはあなたには変えられないこと。その人自身が「あれ、これって……」と気づいたそのとき、ようやく変わるものです。

また、過去の失敗や恥ずかしかった思い出も、もはやどうにもできません。すでに起こってしまった事実は消せないのです。それをいつまでも「あのとき、再確認しておけばよかった」「あそこでちゃんと伝えておけばよかった」と過去の自分を責めても、それこそ後の祭りです。

どうにもできないことを、どうにかしようとするから苦しいんだ、ということに気づいてください。自分ではどうにもできないことを変えようとするからつらいんです。自分でコントロールできるものを見極め、それ以外は「こんなこともあるさ」とリリースし、先に進める潔さを手にすると、ぐっとラクになりますよ。

最初はできなくてもかまいません。いつものように落ち込んでも大丈夫。でもそのあと、「まぁ、いっか」と切り替えを早めてみてください。

それが人生をラクに生きられるようになる大事なポイントなんです。

割れた皿は元には戻らぬ

12

嫌われることを恐れない。それもあなたの役割です

「世の中、すべての人に好かれることはない」という法則があります。「努力ではどうしようもなく、まるで自然の摂理みたいなもの」という意味を込めて、私はこれを「宇宙の法則」と名づけていますが、具体的に説明してみましょう。

この世が10人のグループだとしたら、自分と本当に気のあう人は2人だけ。普通の友だちが6人、絶対あわない人が2人はいる、という「2：6：2」の割合で、世の中はできているのだそうです。

小さい頃、「みんなと仲よくしなさい」なんて言われて育ったかもしれませんが、宇宙の法則でいくと、それって無理な話ですよね。

とはいうものの、私たちはつい、あわない人や苦手な人に反応してしまいがち。「あの人がこう言った」「この人にこんな顔をされた」「なんであの人は……」など、いつまでも心の中でグジグジ思ってしまうときもあります。

そこで、私のおまじないをお教えしましょう。そんな人に対するおまじないは、**「私の人生の中で、×の役割、ご苦労さま！」**と唱えること。

「この人は、私にとって×の役割なんだから、うまくいかなくても仕方ない。×の役割をつとめてくださって、本当にご苦労さまでした！」と、自分の中の反応を変えるのです。宇宙の法則によって×なのだから、それに反応したり、無理に○にしようとする必要はありません。宇宙の法則には誰もあらがえないんです。

また、**「この人も悪気なくやっているんだな」と思うようにもしています。**だって、ど

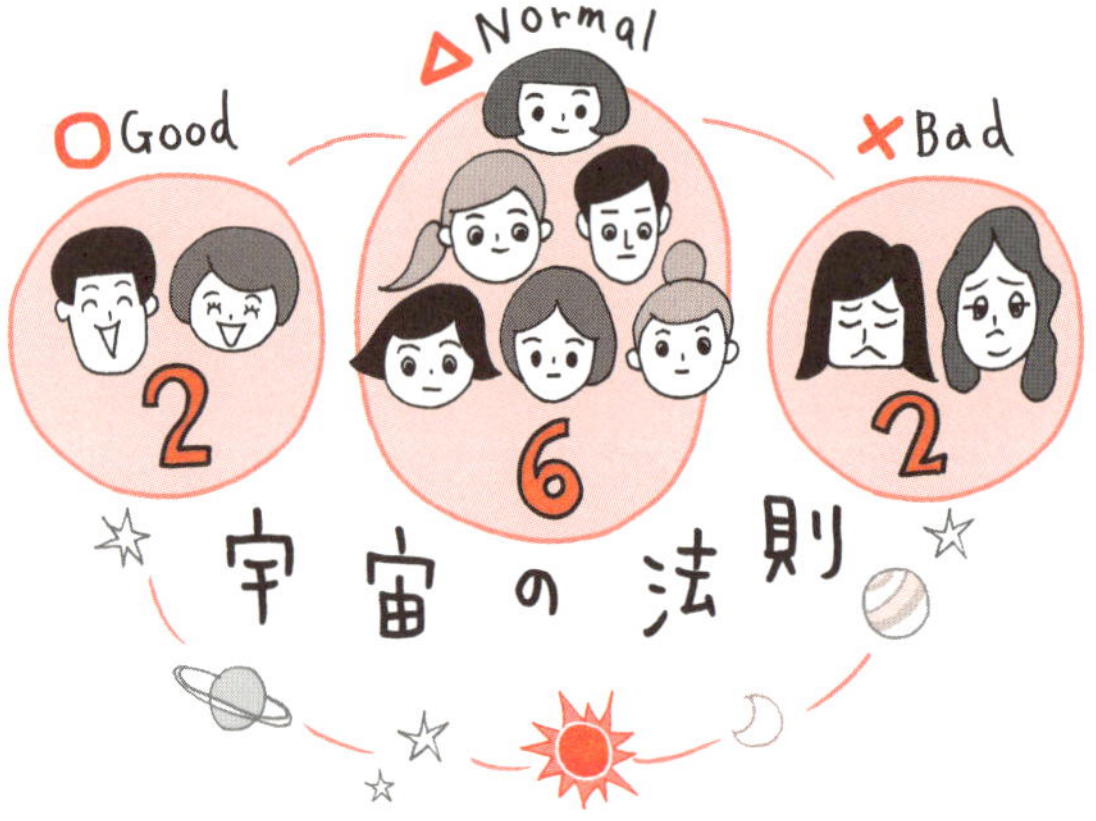

んな反応でも、その人のいつものパターンなんだから仕方ない。

こんな割り切りによって、仕事での人間関係は本当にラクになるし、へたにふり回されることがなくなるのでいいですよ。苦手な人のことで悩んでいるのなら、ぜひ、この視点から見てみてください。

ちなみに、**あなたも誰かの×の役割になっている**ことを、お忘れなく。これも宇宙の法則なので、予定通り。だから、誰とでもうまくやろうとする必要はないし、どんなにがんばったとしてもそれはできないことなんです。

ただし、×の役割の人だからといって、「無視しなさい」ということではありませんので、お間違えなく。たとえどんな相手でも、「困っていたら助ける」「会ったらあいさつする」のは人として当たり前のこと。人には、自分がされてうれしいことをしましょうね。

13

「好き」も「嫌い」も相手を意識しているというレベルでは同じこと

私はどちらかというと、講演やセミナーなど、ライブのほうが輝くタイプだと言われます。自分の伝えたかった想いが「受講生の心に届いた！」と感じられるあの瞬間、大好きなんです。でも、いつでもどこででも講演できるわけではないので、本という、読みたいときにすぐ手にしてもらえるものも、自分の考えを伝えるツールとしてとても大事にしています。お陰さまで今までに何冊か本を出すことができました。

さて、そんな私の本のレビューが通販サイトに載っていた模様です。ありがたいことにたくさんの「いいね！」コメントが。ただ、その中にあまり芳《かんば》しくない内容のものもあったようです。

そんなとき、あなただったら、そのレビューを見にいきますか？　私は、見ていません。見ても気持ちよくないとわかっていることはしないんです。

ただ、こんなふうにも思っています。本を読んで、あまりおもしろくなかったからといって書きこむでしょうか。

私だったら、しない。ログインする手間もかかるし、時間も使うし、面倒だし。なのにその人は私のためにわざわざ手間や時間やエネルギーをかけ、感想を書き込んでくれたと考えることができます。たとえ、それが「あまりおもしろくなかった」というコメントだったとしても。つまり自分にとってたいしたことない本だったら、そこまでしないということでもあるんです。

好きも嫌いも、反応しているという点では結局は同じこと。

としたら、たとえあなたのことを悪く言う人がいたとしても、あなたのために貴重な時間やエネルギーを使ってくれたと考え、**「ありがとう!」とだけ思って、あとは手放してしまえばそれでいい**。

いつまでもグズグズと「何がいけなかったんだろう」「だってあの人こそ……」などと思っている必要はありません。時間は大切だし、他人は変えられないですからね。

賛否両論があってこそ

るん
らん
らん
るん
らん
らん
らら
るん
るん
キャーーー!!
カワイー
これぞアイドル♡
数でごまかしてる
だけじゃん!
どこがカワイイの!?!!
姉
妹
顔もカワイイし
ファッションだって
カワイイわ!
ハデなメイクと
短いスカートで
きばつなだけよ!
とにかく私は
大好きなの!
私は
大嫌い
なの!
良くも悪くも
目立ってこそ
アイドルよねー
母

14

本当に必要なところに自分のエネルギーと時間を使おう

あるとき、講座が終わってから受講生のみんなとお昼ご飯を食べにいきました。近くの中華料理屋さんに入り、全員、ラーメンと半チャーハンをオーダー。

すると、職場にいる「マツイさん」という男性の悪口を言い始めた女性がいました。でも、私たちは誰も「マツイさん」のことを知りません。

なのに彼女は一生懸命、マツイさんのよくないところをあれやこれやと、みんなに語り続けます。私たちにとってはどうでもいい内容で、「せっかくのみんなでの食事なのに、そこまで話題にする内容でもないよなぁ。もっと楽しい話をしてもいいのに」という気持ちもありつつ、しばらくその話を聞いていました。

さて、そろそろみんな帰る時間に。お会計をしようとふと見ると、彼女だけ、半チャーハンを食べ残している。

そう！　マツイさんの悪口を言うのに一生懸命で、彼女は半チャーハンを食べる時間がなくなっちゃったんです。

この話を私は「マツイのチャーハン」と名づけ、講座でもよくお話ししています。こんなふうに、**意外と私たちは「どうでもいい人」の話でムダに時間を使っている**ことがあります。

でも、これって、本当にもったいない話。その彼女、今までに一体、何杯の「マツイのチャーハン」を食べ損なってきたんでしょう。「15分で半チャーハン1皿だとしたら？」なんて、余計な計算までしてしまいました（笑）。

悪口を言うときって、時間もエネルギーも使っているもの。他人の悪口に、自分の大事な時間とエネルギーまで費やして語るほどの価値があるかどうか、考えてみたらすぐにわかりますよね。

限られた時間をどう使うか？　**私は大切な人たちのために使いたい**です。

悪口は時間とエネルギーのムダ使い

15

人のせいにしない。
環境のせいにしない。
そこから未来が変わる

私が以前働いていた英会話学院は、多くが駅前のわかりやすいビルの4階や5階にありました。それも主要なターミナル駅で、結構、人通りも多く人目につく場所だったんです。

でも、たまにそうでない場所に開設される教室もありました。駅からちょっと不便で、人通りも少ないところ。そういう場所はたいてい、営業成績もよくありませんでした。マネージャーを代えてみても結果は同じということがほとんど。そんな学校では業務引き継ぎの際、必ず、伝達事項として伝えられるのが、「ここは場所が悪いから仕方ないのよ」。

私は結婚して会社をやめ、ちょっと暇だったことがありました。そんなとき、お世話になった上司が札幌に転勤となり、彼女からSOSが。

「暇だったらでいいんだけど、1ヵ月ほど、手伝いに来られないかしら」

主人からもOKが出たし、時間をもてあましていたこともあり、飛行機に乗って単身、不慣れな北海道へ旅立ちました。そして頼まれた教室に行ってみると、そこは見事な不振校。ノルマが何ヵ月も達成できておらず、上司もお手上げだったようです。利便性がよくないのは確かでした。

でも私はそこを1週間で立て直し、ノルマを達成させてしまったんです。ちょっと自慢チックに聞こえたらごめんなさい。でも事実なので、お許しを。

業務を確認していくと、「これもまだできてないし、これにも手をつけてない。これで不振なのは当たり前だわ！」と思うくらいに通常業務が滞っている上、取りこぼしもたくさんありました。「求められていることを達成してやろうじゃない！」と持ち前の負けん気に火がつき、業務を淡々とこなしていたら、そんな結果がすぐについてきたんです。

それまでのマネージャーたちは立地の悪さもあって、やる気を失っていたんでしょう。不振校という思いこみから抜けられず、「環境が悪いんだから生徒さんが来なくて当たり前」と最初からあきらめてしまい、まだやれることがあったのにそれに気づけなかったのです。

英会話学校では年に数回、マネージャーが集う全国ミーティングを開催。さまざまな人たちとお会いする機会があったのですが、そのとき、私ははっきりとわかりました。同じような環境にいながら、うまくいく人といかない人にはそれぞれ共通点があったんです。

それは何か?

うまくいっている人は、誰もグチを言いませんでした。たとえ、そのときの成績がよくなくても決して言わなかった。

うまくいかない人の共通点は、できない理由を人や環境のせいにしてグチばかり言っていたことです。「場所が悪いから」「いい先生がいないから」「英会話なんて高くて習えないと思う人が多いエリアだから」など、そんな人は口を開けばいつもグチばかり。そして彼らは、一時的に成績がよくても、いつしかいなくなっていました。

環境や人のせいにしていても、なにも変わりません。自分の幸せは、自分で作り出すものです。そこから未来は変わるんです。

16

また「いつもと同じ」と気づいたら、ちょっと違うパターンを選んでみよう

P58から、「他人は変えられないけれど、自分は変えられる」とお伝えしましたよね。そう、変えられるはずの自分なんですが……、これがまたやっかいな代物。**私たちは自分のパターンの中で生きている**のを知っているでしょうか。

例えばお風呂の入り方。あなたは体にお湯をかけてまず温まり、それから体を洗いますか？　それとも髪の毛が先？　いや、まずは顔を洗ってから？　気づいていないかもしれませんが、そんなささいなことにもしっかりした自分のパターンって、ありますよね。

先日、洋服を買いにいきました。洋服とは不思議なもので、「今日こそ、いつもと違う感じのものを買おう」とはりきってでかけても、結局は同じような色やタイプの服を選んでしまいます。で、家に帰ってクローゼットを開けたとき、「あ、また似たような服、買っちゃった」なんて経験、あなたにもきっとあるでしょう。

人はなかなか自分のパターンから抜け出せません。変えているつもりでも、結局は同じことをしてしまいがち。

そこで一度、ファッションコンサルタントさんと一緒に選んでみました。すると自分ひとりだったら「絶対に選ばない！」という服を試着させられました。最初は、「似あわないってば」と決めつけていた服も、着てみると「意外といけるかも」。

というわけで私も自分のパターンに改めて気づくことができ、さらには新しい可能性も見出せて、大収穫の一日でした。人にはあれこれ言って、違う選択肢を選ぶことを心がけている私ですら、陥っているパターンがあるんだと実感したんです。

考え方や思考も同じです。知らないうちに自分のパターンで生きています。

そこで、提案です。**何かあったとき、いつもと違う選択肢を選んでみませんか？**

まず、いつもの自分のパターンに気づくこと。気づいたら、いつもとは違う道を選んでみましょう。

すると、のびしろはぐんと広がりますよ。

「いつもはグレーを選んじゃうけど、今日はライトグリーンの服にしてみよう」

「いつもは紅茶だけど、今日はコーヒーにしてみようかな」

ちっぽけなことだけど、いつもと違うことをする。それが、自分が変わっていくきっかけになるんです。

そして自分のパターンを変えることすらむずかしいとわかれば、**他人のパターンを変えるなんてもっとむずかしい**と気づくでしょう。自分で認識できていても変えにくいんだから。

私たちはつい他人を変えたがる。「もっと部屋をきれいにすればいいのに」「新聞は読んだら、たたんで」「パジャマは脱いだらここにしまって」などなど、他人の行動に関していろんなことを思うでしょう。でも、それはどれも自分を変えるのと同じくらい、いや、それ以上にむずかしいんです。

他人を変えようとするのはムダなこと。まずは自分から！

〈簡単ワーク〉
いつもの自分のパターンに気づいたら……
↓いつもとは違う道を選んでみる

17

それってワクワクするの？
ザワザワするの？
直感を信じてみよう

私たちはいつもいろいろなことを選びながら生きています。「夕飯はパスタ？肉じゃが？」「今日は掃除機をかけるか、かけないか」という日常的なことから、「どのタイミングで会社をやめるか」なんてことまで。

無意識にしろ、意識的にしろ、人生はすべてが選択の連続です。できれば少しでもいい選択をしたいと思うのは当然のこと。誰しも幸せに、楽しく生きていきたいですからね。

そこでおすすめしたいのが、**直感力をつける**ということ。**人生すべてが選択の連続なんだから、直感力がつくと人生はうまくいくようにできているんです**。お店を選ぶときも、夕飯を作るにも、あれこれ悩まず、「今日はここ！」「今日はこれ！」とすぐに決めましょう。数をこなしていくうちに必ず直感力はついてくるから、心配しなくて大丈夫。とにかく積み重ね、経験が大事です。

ただし、選ぶ基準があります。それは、「ワクワクするかどうか」です。

ワクワクするなら、のってみる。ザワザワするなら、のらない。

なんとなく、この違いがわかるでしょうか。

意外と、「でも、ワクワクと言われても、何がワクワクなんだか、よくわからない」という声も耳にします。それはきっと、ワクワクがどんなものか、これまで意識してこなかったから。感じようとしてみれば、必ず直感が磨かれ、何がワクワクなのかわかるようになります。

例えば先輩からの誘いがあって「今日は疲れているから帰りたい」と思っても、「めったに先輩からはお誘いがかからないし、断ったらなんと思われるか……」と、飲みにいったとしたら、それはワクワクではないんです。

こうして私たちは無意識のうちに衝動を抑えこんでしまいがちです。でも、最初に頭に浮かんだこと（ワクワク）をパッと行動に移してこそ、直感を大事にしているということ。

85

講座の受講生たちには手に職をつけている人が少なくありません。カラーセラピーをしていたり、塾で教えていたり。たくさんの資格を持っている人もいます。

一方で、資格がない人もいます。ある女性はお料理が得意なのですが、それを仕事にしたいほどではない。でも、「みんな資格を持っているし、私も何か一つくらいあった方がいい？」と思い始めたわけです。「食に関する資格をあれこれ調べてみました」と彼女。でも、結局は、やめたと。

「なぜ？」と聞いたら、「ワクワクしなかったんです」。きっと勉強を始めたとしても、続かなかったでしょう。

人生は決断力です！　「これって正しいの？」「常識では……」「あの人にこう見られたら……」などと理由をこねくり回し始めたら、それはもう直感ではありません。ワクワクするかしないかを基準に直感力を磨く練習を積み重ねてくださいね。

〈簡単ワーク〉
今日の夕飯を何にするのか、今日、着る服はどうするか、即、決める

18

「他の誰か」になって、幸せになろうとするからつらくなる

87

以前、私はある人に「うらやましい！」と言われました。「自分の強みを生かして輝いていて、いいですね」と。

でも私からすれば、その人こそ有名大学を卒業し、ご主人の仕事の関係で海外駐在をした経験もある、「ステキだわぁ」と思う人なんです。なのに、彼女が私をうらやましく感じてしまうのは、なぜでしょう。

また、私の講座、通称「ママイキ」（ママのイキイキ応援プログラム）の受講生の中には、どういうわけか私になりたがる人が多いのです。本当にありがたいお話なのですが、なぜかよくわかりません（「こんなズボラな主婦でいいのだろうか……」心の声）。

ただ、そういう人たちに私はお伝えしています。「どんな人だって、私にはなれないよ」って（ちなみにそういう人に限って、まじめで冗談も言わないような几帳面なタイプが多いんです。しょっちゅう冗談ばかり言っている私とは全然、違うんですよね……）。

でも、それは逆も同じこと。どんな人も、あなたにはなれません。

つまり、他の誰かを目指す必要などない、ということです。私にならなくたって十分、幸せになれます！

幸せは、自分の心が決めるもの。でも自分に自信がないと、目に見えるものや比較できるもので安心感を得ようとしたくなります。だから、他人が気になったり、その人になりたくなったりするんです。

それは「資格」でも同じようなことがいえます。あなたの周りにたくさんの資格を持っている人、いませんか？　もちろん資格を取るのが悪いわけではありません。チャレンジするのが好き、新しい知識を身につけたいという純粋な気持ちで資格を取得しようと思うのはすばらしいことです。

ただ、自分に自信がなく、資格を手にすることで自信を補おうとしてしまう人もいます。「この資格さえあれば、新しい私になれるかも……」。

でも、そんな気持ちでいてはいくつ資格を手にしても、どんなに肩書きが増えても、終わりがありません。**資格は自信にならない**んです。

ちなみにこの私。何も資格はありません。運転免許だけ。肩書も「ライフコミュニケーションコーチ」という自分で考え出したものです。いいふうに考えてみると、世の中に私だけの肩書なのでライバルはなしともいえます（笑）。

誰かになりたいのも、資格がほしいのも、結局は、「自分に自信がないから」。社会で活躍している人って、意外と資格や肩書きがなかったりします。もしも「私も自信がないからだった？」と気づいたら、他の誰かや資格を追いかけるのはやめ、まずは**自分が素晴らしい存在だと気づく**ところから、です！

こぼれ話

他の誰かになる必要はなし。あなたもあなたのままで

なんの迷いもないように見える私ですが、駆け出しの頃、一度だけ「自分を変えてみよう」と思ったことがありました。

私の持ち味の一つに、「思ったことは包み隠さずに話す」というものがあります。小さい頃は「ひと言、多い」とよく怒られましたが、今ではこれが私の強み。

さて、ある講演会でのことです。講演のあと、感想のアンケートをお願いすることがありますよね。そのときも、ありがたいことに多くの方がいろいろと感想を書いてくださいました。「とってもわかりやすかった！」「久しぶりにおなかの底から笑った」「怒ってもいいんだなと思い、ラクになった」「子育てをもっと楽しんでみたくなった」などなど、温かい感想がたくさん。

ところが数名の方にとってはあまり印象がよくなかったみたいなんです。普段から、「綾小路きみまろ」チックな発言が多い私。どうやらそれが「品がない」と、

お気に召さなかったようでした。

「そうか。私ももう少し、お上品に話をするべきかしら」と反省し、即、実行してみました。

ところが、今度は会場での反応があまりよくない……気がする……。いつもは大笑いしてもらえるところも、盛り上がりに欠ける。悪くはないんですが、伝わりきらない。「なんだか居心地がよくないぞ」と内心、思っていました。

講演が終わると、いつもの私を知っている受講生がやってきて、「コーチ、どうしたんですか？　今日はいつもの毒舌がなかったですよ！」と。

やっぱりそう!?　そうだよね！　ネコかぶってたの、ばれちゃった？

他の誰かになろうとすることはないんです。どんな人も、あう人とあわない人がいて当たり前（P63　宇宙の法則より）。すべての人に好かれようとして、自分の強みを隠す必要はないし、人の評価に一喜一憂することなんてない。この強みは、私だからこそ。「一層、このキャラで邁進《まいしん》しよう」と心に誓ったできごとでした。

19

人はみな、誰かに「気づいてほしい」欲求がある

人の悩みの8割は、究極のところ、人間関係によるものだと聞いたことがあります。そこでお伝えしたいのが、人間関係をうまくいかせるポイント、「承認」です。講座では、それを「見留《みと》める」と言っていますが、**人の心理として、見て（心に）留めてほしい、つまり、誰かに気づいてほしいという欲求があります**。その上で、ほめられたら、なおうれしいんですけどね。

ただ、「ほめればいい」と言われても、会社で人をほめることはそうそう簡単ではありません。そこで「ほめる」は置いておいて、まずはその人に「気づく」ところから始めてみましょう。

おもしろい話があります。ある会社で派遣の定着率を調べたところ、飛び抜けて率のいい部署があったそうです。仕事がラクだということでもない。では、どうしてか。

そこの部長さんは派遣さんが初めて出社する朝、必ず、自分から声をかけ、名前で呼んでいたというのです。派遣さんというと、短いおつきあいの人も多いもの。

「今日から来た君」「ちょっと……」などと話しかけるのが一般的ではないでしょうか。でもその部長さんは、初日に自分から派遣さんの名前を呼んで話しかけていたというのです。おのずと部署の雰囲気がどんなものかわかりますよね。

私は先述したように以前、英会話学校に勤めていました。営業的サポートというか、初めて英会話のレッスンに来てくれた人をいかに定着させるかが大きな役割でしたが、私も成績がよかったんです。理由は、その部長さんと同じでした。

英会話学校は、「英語を習いたい」と考えてから2〜3年経ってようやくレッスンの申し込みをしてくるといわれるほど、生徒さんにとって実はハードルが高いもの。だから生徒さんの初めてのレッスンの緊張度合いは、相当なものなのです。

そこで私は、初めてレッスンを受けにくる人は必ず名前を呼び、こちらから声をかけていました。終わってからは「レッスンはどうだった？」の声かけも欠かさずに。誰に教えられるでもなく、自然とそうしていたんです。それが、コーチングでいう「承認」だったわけです。

どんな人でも、気づかれたいんです。あなただって、誰かに気づいてもらえてうれしかった経験、ありますよね。それを、自分の関わった人にできるかどうか、そこが重要ポイントです。

「髪を切ったんだね」「その指輪、かわいい。どこで買ったの?」「今日の口紅の色、肌色が鮮やかに見える!」など、ささいなことでかまいません。「私のこと、見ていてくれたんだな」と思わせるのが、人の心を開かせるコツです。

20

相手に興味を持って、
自分から関わってみて。
そこから何かが変わる

もう一つ、「承認」の話をさせてくださいね。

その英会話学校には、当たり前ですが、英語を教えてくれる先生がたくさんいました。でも基本的に私が彼らと話すのは、仕事のことが中心です。「今日は新しい生徒さんが来ます」「彼女は10分ほど、遅れてくるようです」「生徒のレッスン更新率、もっと上げましょう」などなど。

でも、私はそんな会話では物たりませんでした。「先生はどうして英語の先生になったの?」「何がきっかけで留学したの?」「人に教えるときのポイントって何?」と、その先生自身のことをもっと聞いてみたかったんです。

また、生徒さんたちの授業の感想も、先生に伝えるようにしていました。「あの生徒さん、先生に発音がいいってほめられて、うれしかったって」「先生が教えてあげた資料、とっても役立ったって喜んでましたよ」というように。

さらに「あの人のレベルチェックをしてもらうのは、先生がいいと思っていたんです！　お陰であの人にあったクラスに入れてよかったなぁ」と、生徒さんへの影響を伝え、「あなたのお陰です」などと**先生自身を見留める会話をしていた**のです（お世辞ではなくね）。

すると次第に先生たちの態度が変わってきたのがわかりました。初めは話しかけてもムスッとしていた先生も、次第に私にいろいろなことを話しかけてくれるようになったんです。授業での悩みや自分の趣味のこと……。ビジネスライクな話だけでなく、プライベートなことまで。さらに、私が仕事で困っているとき、率先して協力してくれるようにもなりました。そう。私の人生って困ったときにはなぜか強力な助っ人が現れるんです。

あるとき、取材を受けたライターさんに、「ひろっしゅコーチは人の心の中に入ってくるのがうまいですね」と感心されたことがあります。ライターというのは、人の心を開き、話を聞いて記事にまとめるのがお仕事です。いい話を聞き出すには取材相手の心が閉じているとむずかしい。

人の話を聞き出すプロにそう言ってもらえてうれしかったんですが、**私の最大の強みって、人が好きなこと**なんです！　「何がこの人をそうさせるのか？」。つまり、「この人がこう考えるにはどんな背景があり、どんな想いがあるんだろう」ということに興味があるんです。

でも、それこそが、人に協力してもらえ、応援してもらえるきっかけです。**自分に興味を持ってもらってこそ、興味を持ってくれた相手の喜ぶ顔が見たくなり、その人の力になってあげたくなる**というのが人情ですよね。

自分の努力だけでできることの範疇《はんちゅう》なんて、決まっています。一馬力でがんばっても限界はあります。でも何人もが集まれば、大きなことができる。**最後は人**です。人と関わることの大切さをできるだけ意識してみましょう。そしてあなたも、誰かが応援したくなる人になってほしい。

人生を豊かにできるのは、自分の努力だけではないんです。たくさんの人に応援してもらえるあなたになりますように！

21

怒りの裏側にある本当の気持ちを見つめてみよう

怒った経験がない人なんて、きっといませんよね。それだけ怒りは誰にとっても親しみ深い感情です。でも、その感情を上手に扱える人も、そうはいません。強くて、ものすごくパワフルなので、ついつい、ふり回されてしまいます。怒ったあとは本当に疲れるし、しんどい。自己嫌悪に陥るし、相手ともギクシャクするし、かなりのパワーを使います。ちなみに「怒り」は6〜7秒もするとおさまるものなのだとか。

怒ってしまうその裏には、一体、どんな感情があるのでしょう。心理学的に、怒りは第二感情といって、すぐに出てくるものではありません。その裏には「○○できるはずだったのに」「△△してくれると言っていたのに」などの**失望や悲しみ、そして心配などがある**といいます。誰しも、怒りたくて怒るのではなく、裏に隠れている感情の代わりに怒るのだというわけです。

究極のところ、**人の怒りって悲しさなのかもしれません**。「私は大事にされなかった」というのが、その奥底にあることって、意外と多いのです。

そこでもしも怒ってしまったら、**その裏にある感情を見るクセをつけてみましょう**。「何を期待していたんだろう」「何が悲しかったんだろう」「何を心配していたんだろう」と、一歩、自分から離れて本当の気持ちを見てみます。「あんなに怒らなければよかった」と悔やんだり、**怒らない人になろうとする必要はありません**。

例えば、「楽しみにしていたデートがドタキャンされた」「後輩のミスが原因で、クライアントから担当をはずされた」などのために怒ったとすると、その裏には「楽しい時間が過ごせたはずなのに」「私のせいじゃないのに」という期待や悲しみがあります。

最初はもちろん、いくらでも怒ってかまいません。自分の気持ちを丁寧《ていねい》に扱うのはとても大事なことです。感情に、いいも悪いもありません。でも、それが落ち着いてきたら、「そうだよね、私、さびしかったんだよね」「切なかったよね」と、ただただ、自分の感情を見つめてみてください。

感情はぶつけるものではなく、伝えるもの。怒りがわいたからといって、感情と感情をぶつけあっても仕方がありません。怒りからは反発しか生まれないし、伝え方が悪かったら伝わらないのです。そして一方が落ち着いて話し出すと、不思議と相手も穏やかになってきます。

そして次第に**自分の裏にある感情が見られるようになってくると、今度は他人のイライラにも影響を受けないでいられるようになります。**「この人はなんでイライラしているんだろう？」と相手の感情を読むことで冷静な対応ができ、互いにムダなパワーを使わずにすみますよ。相手の怒りにも巻きこまれにくくなるため、クレーム処理や接客業にも大いに役立ちます。

〈簡単ワーク〉

怒ってしまった！

↓その裏にある感情を見つめてみる

「私は何を期待していたの？」

「何が悲しかったの？」

「何を心配していたの？」

22

怒りの感情をなくすのではなく、丁寧に扱える人に

私たちの心の中には、「怒りのバー」があります。「怒る」「怒らない」を調整する目に見えないバーです。

久しぶりの家族旅行で、両親が忘れ物を取りに戻り、電車に乗り遅れてしまったとします。次の電車は1時間後。待ち合わせの時間通りに到着してお弁当も買い、車内でお弁当を食べるのを楽しみにしていたあなたは、きっと怒ることでしょう。

でも、もしもこれからおつきあいするかもしれない彼が初デートで遅刻してきたとしたら、怒らずに「心配しちゃったぁ」ですよね。

こんなふうに、似たようなことなのに許せるときと許せないときがあるというのは、みなさんも経験があるでしょう。

そう、**怒りのバーを上げ下げしているのは、自分の心です。できごとがあなたを怒らせているのではありません。あなたが怒りの感情を選んでいるだけ。**

特に、パートナーや家族など、**身近な人のほうがバーは上がりやすい（怒りやすい）もの**。「身近にいるんだから、わかってよ！」という期待があるからです。

でも、この**怒りのバーは、機嫌がいいと上がりにくい（怒りにくい）**んです。だから心が満たされていることはとても大事。ただ、誰も代わりに心を満たしてはくれないので自分でケアするしかありません。

そこで、自分の気分を見るクセをつけてみましょう。「今の気分はどう？」と問いかけてみるのです。「今日はなんだかわからないけど、気持ちいい！」「どんよりして、あまり人と話したくないな」「可もなく不可もなく、な感じ」など、そのときの気分を感じてください。

あまり**元気でないのなら、まずは「元気」を取り戻して！**　元気は、「気」を「元」に戻すと書きますね。いかに自分をいい気分に戻せるかが大事。マインドリセットするよう心がけて。

いい気分に戻すための手段は、なんだってかまいません。気軽にできることで十分です。おいしいものを食べる、映画を観にいく、仲のいい友人とおしゃべりする、好きな音楽を聴くなどなど。私は月1でネイルサロンに行ってますが、自分の元気を取り戻す大切な時間です。

自分をご機嫌に戻す方法は人によって違います。あなたが元気になれる手段をぜひ、見つけてほしいんです。

先ほどもお伝えしましたが、怒りをすべてなくそうとする必要はありません。怒るのがいけないのではないのです。まずは怒りの仕組みを知ってください。怒りの感情とうまくつきあいましょう。

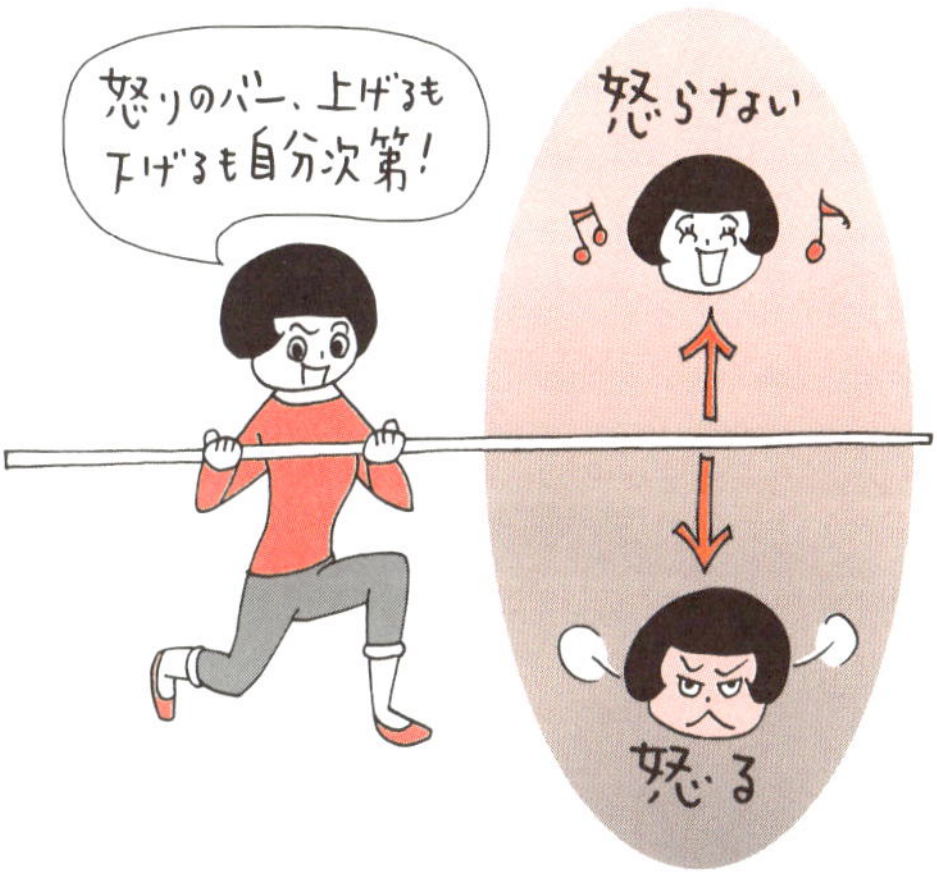
怒りのバー、上げるも下げるも自分次第！
怒らない
怒る

23

感情を丁寧に扱おう。会話の初めは「YES」から!

働いていた英会話学校では、たまにクレームの電話がかかってきました。「通っているのに、どうして話せるようにならないのか」というのがその大半。たまに親御さんからも「あの子はまじめに通ってがんばっているのにどうしてなんですか？」という成果が出ないことに対する不安や怒りの声がありました。

そんなときに心がけたのが、**相手の話にまず、「YES」と伝えながら、絶対に最後まで聞く**ことでした。

みなさんにも経験があるかもしれませんが、語学の習得は正直、むずかしいものです。簡単に聞き取れるようにも話せるようにもなりません。

でも、正論を押しつけても、相手はなかなか納得してくれない。そこでまず、「お母さん、そうですよね。気が気じゃないですよね。安くはない授業料を息子さんのために払ってるんですものね」などと、相手の気持ちに「YES」と同意し、相手の言い分がもっともであることを認めます。

そして、相手の感情がひと通り落ち着いた頃に、「AND」です。

「本当はすぐ英会話の能力が伸びたらいいんですけどね。日本語ですら、毎日のように聞いても習得できるのに3年くらいかかるものなんですよね（子どもが話せるようになるのが、3歳なので）」。

さらに、「先生が『とても積極的でがんばっている』とおっしゃっていましたよ。継続は力なりとも言います。あと少しの間だけでも、温かい目で見守っていただけないでしょうか」などとお伝えすると、次第に「そうよね、そう簡単に話せるようになるわけないわね」と次第にトーンダウンしてくるのが常でした。

この**怒り（クレーム）の裏には、期待があります**。「お金を払って英会話を習っているのだから、早く話せるようになってほしい」という期待。「なのに話せないのはなぜ？　本当に話せるようになるの？」という不安。でも、そんな感情を「短期間での習得は無理」という正しさで切り返しては、怒りは収まりません。

これはすべての会話で心がけてほしいこと。**自分の意に沿わないことでも、まずは相手の気持ちを見留め、「YES」と言う。それから「AND」**です。感情を丁寧に扱うことが大切なんです。

NG
スッテン
うえ〜ん痛いよ〜
早く来なさい！
OK
うえ〜ん痛いよ〜
転んじゃったよ〜
大丈夫？
YES
転んじゃって痛かったねぇ
AND
でも急いでいるから起きあがって早く行こうね

NG
ただいま〜
取引先行って遅くなっちゃって……
ご飯ある？
ないわよ！
連絡ぐらいしなさいよ！
OK
ただいま！
取引先行って遅くなっちゃって……
ご飯ある？
YES
お疲れさま大変ね
AND
お茶漬けでいい？
連絡くれればもっとおいしいもの作っておいたのにな♡

こぼれ話

起業しようと思ったら、心しておきたい二つのこと

みなさんの中にも、いつかは起業して、自分で何かを始めてみたいと思っている人がいるでしょう。最近は、女性向けの起業塾も人気で、ありがたいことに私も何度か講演させてもらっています。長年の夢を叶える、働く時間を自分で調整できる、あるいは満員電車に乗ることなく自宅で作業できる、地域社会に貢献できるなど、たくさんの魅力があります。

かくいう私も、最初は友だち相手に公民館で講座をスタートしたので、そんな女性起業家の端くれだったりもします。

さて、そんな私が大切にしていることをお伝えします。

1　譲れない軸を決めておく

お陰さまで、こうして今では本を何冊か出版し、メディアにも出させてもらっていますが、そうすると、寄ってくる人っているんです。おいしい話をする人。「コ

ラボしませんか」という話もよくあります。

でも、私には**自分の中にブレない軸があります**。目先の売れる本とか、損得では判断しない。「その人とやりたいかどうか」が何よりも大事なこと。その人が私にどんな想いを抱いてくれているか、そして私がどう感じているかが一番なんです。

2　身近な人を大切にする

以前、ある雑誌の対談の依頼がありました。お相手は、とても著名な方。その方からのご指名だといいます。でも、お会いした覚えはないし、「どこで私を知ってくれたの？」と不思議に思ってたずねてみると、なんと受講生からの紹介でした。それも連続の講座ではなく、単発講座に1度来てくれただけの受講生。その方は受講生とお知り合いだったということからのご縁だったんです。

ご縁は自分の3キロ以内にあると聞いたことがあります。大切なご縁は遠くへ探しにいかなくても自分のすぐ近くにあるのだと、実感したエピソードでした。

あなたも**自分の足元を見つめ、身近な人を大切に**してくださいね。すぐ近くにきっとご縁はあるはずです。

24

目の前のイヤなできごとも、未来は○になることもある。6：3：1の法則

私は20代の頃、ビジネスコーチングというものを知り、「私にはこれがあってい る!」と直感したんです。そして、いよいよビジネスコーチングを始めようとして いた矢先、妊娠が発覚しました。せっかく始めようと思っていたのに、結局は妊娠 して出産。出産後は子どもがいるから自由に働くこともできないし、時間も自由に 使えなくなりました。

そこで、とりあえずはママ友対象に1回350円で、近所の公民館で講座をスタ ートさせました。ビジネスマンではなく、自分と同じような環境にいるママたち相 手のコーチング。当初の目標からは、遠くかけ離れたところにいたのです。

でも、それから10年経った今、5万人以上ものママたちに支持され、「ママコー チングといえば、ひろっしゅコーチ」とまで言ってもらえるようになりました。テ レビにも出演し、この本が6冊目に。ママだけでなく、ビジネスマンやOLさん向 けのコーチングも行うようになりました。

当時から、ビジネスコーチングにはすばらしい先生がたくさんいました。だから初めからビジネスコーチングという同じ土俵で、果たして私がどこまでやれただろうと考えることがあります。

地道に、ずっとママコーチングをしていたからこそ、今では自分の伝えたいことがしっかりと見え、自分なりの色が確立できたんです。**10年もママコーチングをしてきたからこそ、相手が誰だろうとやっていける、私だけのコーチングの形ができあがったん**です。

すべては最善のことだったんだと、今は思います。

10年前、がっかりしてしょぼくれていた私に言ってあげたい。「あきらめずにがんばってさえいれば、10年後にはすごいことが待っているんだよ」って。**そのときの「×」が、一生「×」のままであり続けるとは限らない**って。

「6：3：1の法則」って知っていますか？　人生の最期、それまでの思い出をふり分けたとき、すごくよかった思い出が6割、「そうだね、そんなこともあったね」という普通の思い出が3割、「絶対に思い出したくもない！」ようなイヤな思い出が1割というふうに分けられるんだそうです。ちなみに、イヤな思い出の1割が2割になったら、人は生きてはいけないんだとか。

私たちは何か問題が起きると、それが○なのか、×なのか、とつい考えてしまいがちです。大失敗したこと、恥ずかしかったこと、いじわるされた思い出……。

でも、そのお陰でこんな出会いがあった、こんなことに気づけたなんていうこと、ないですか？

物ごとが起こったそのときは×だったとしても、見方が変わったり、それがきっかけで物ごとが進み出したとしたら、それは結果的に×ではなく、○と考えることができますよね。

私たちは、**悪かった思い出も、よかった思い出に変えていける**ってことを知ってくださいね。目の前で起きている「×」が、一生「×」のままかどうかなんてわからない。○に変えることもできるんだってことを。

25

手放したら自分に本当に必要な新しいものが手に入る

みんな、「何かを手にする」ことばかり考えてしまいがちですが、手放すことって本当はとっても大事です。人は基本、「前に進もう、何かをつかもう」とする気持ちを強く持って生きていますが、人のキャパなんて決まっています。手だって2本しかない。**何かを手放さないと、何かを受け取ることはできません。**

例えば、呼吸。息は、吐かないと新しい空気が吸えません。出さないと入ってこない。いくらがんばっても、無理。苦しくなるばかりです（笑）。それにこの「呼」という字には、息を大きく吐き出すという意味があります。吸う前に、まず吐かなくてはならないのです。また「出入り口」といいますが、「入り出口」ではないですよね。まず出す（＝手放す）のが先なんです。

余談ですが、人はこの世を去るとき、息を吸って命を終えるんだそうです。いろんな説があるようですが、赤ちゃんは「オギャーッ」と息を吐いて生まれてくるということを思うと、私は息を吸って亡くなるという方が吸って吐くという対になるし、腑に落ちます（「生き返る」ことを「息を吹き返す」とも言いますからね）。いやはや、本当によくできているものです。

それは人との出会いも、同じです。ステージが変わるとき、人間関係も変わります。「たとえそのときはさびしくつらいとしても、手放すことで次の新しい出会い、新しい自分に必要な出会いってやってくるものなんだなぁ」と最近、私自身も実感したできごとがありました。

ちなみに**新しいステージに向かうとき、私にはいつも大きな「お試し」がやってきます**。コーチとして活動を始めた頃、パーソナルセッション（1対1）もやっていました。パーソナルセッションとは、週に一度、お会いしたり、電話でその方のお話を聞き、コーチングをするというもの。でも、平行して講座もやっていたので、どちらもコーチングとはいえ、両方の醍醐味の違いがよくわかっていました。で、本心を言うと、私は講座で大勢の人に伝える方が向いているし、やっていて楽しかった。流れに任せているうちにパーソナルセッションの人数が増え、20名くらいにまでなったのですが、もうどうしてもワクワクしないので、思い切って手放すことに！　それなりの金額が定期的に入っていたので、最初は収入的に痛手でしたが、その後、講座は大人気。結果的に手放した以上のものが得られました。

「なんで今、このタイミングでこんなことが?」と思ったりすることもあるけれど、そこを乗り越えると、本当に新しいステージが用意されているんです。

私の好きな言葉に**「閉ざされる扉もあれば、開かれる扉もある」**というものがありますが、まさにそれ。つい閉ざされてしまう扉に目を向けがちですが、同時に、新たに開かれる扉だって、そこにはある。どうか、**手放すことをこわがらないでくださいね**。出たら、必ず入ってくる。人生は取捨選択です。人は基本、何かを手に入れようとしてしまうものですが、それよりも手放すことを意識してみましょう。

〈簡単ワーク〉
手放す練習をしてみる
→生活のゴミは除き、1ヵ月くらい、毎週45リットル入りのゴミ袋に一つ、ゴミを出そう！

26

人生はすべてバランス。最後は「〇！」にできる力を手にして

いきなりですが、断言します。

人生にはいいことばかりある人などいません。
でも、悪いことばかりある人もいません。

私はこれまで1000回を超える講座をしてきて、多くのみなさんに愛されてきました（と自分では思っていますが、どうかな？　笑）。そして講座の中でいろいろなエピソードをお話しするのですが、その中に両親の話が出てくることもあります。もちろん講座なので多少おもしろおかしくはしていますが、基本、事実ばかり。すると受講生からは「コーチは温かいご家庭で、ご両親にとても愛されて育てられたんですね。だからこんな考え方ができるんだなぁ。いいですね」などと言われることがあります。

けれど、うちの両親は私が高校生のときに離婚しました。離婚するくらいなので、最後の方は当然、仲よくなかった。ふとんをかぶって、両親のケンカの声が聞こえないようにしていたこともありました。

もちろん両親それぞれからは、私も妹も、そして弟もたっぷりと愛されました。でも、両親が仲よくてケンカもせず、陽だまりのような家庭でぬくぬくと育てられたわけではありません。

みんな、他人のごく一部だけを見てすべてを知った気になりがちだけど、どんな人にもいろんなことがあります。いろんなことを背負っています。**波風立たない平穏な人生を送っている人なんて、どこにもいません。**全てが満たされている人なんていないんです。

私は先述の英会話の会社で、会長秘書を務めていたことがありました。当時、イケイケな勢いで、全国に何店舗も教室を展開。会長専用のヘリもあったほどでした。地元には豪邸を建て、都内には大きなマンションを借り、子どもたちは海外留学。

これだけ聞くと、「なんてステキな人生なんだろう！」と思っちゃいますよね。でも実情は違いました。どこに行くにも何をするにも、会長の頭の中はいつも仕事のことばかり。海外出張でどんなに時差があっても、「この支店の状況は？」と仕事が気になってちっとも寝られず、たくさんの睡眠薬を持ち歩き、ピリピリしている雰囲気がこちらまで伝わってきました。そして今、その会社はありません。

人生なんて、いいことばかりではない、でも悪いことばかりでもないんです。**人生はすべてバランスです。**隣の芝生を見ては青いと思い、ここには青い鳥がいないからとどこかへ探しにいき……。でも、自分が今いる場所と、自分で選んだものを○にできないと、いつまでたっても幸せにはなれません。

「**しあわせはいつもじぶんのこころがきめる**」（by　相田みつをさん）。

たとえどんなできごとがあったとしても、どんなものを選んだとしても、どんな決断をしたとしても、**最後、「○！」ってできる力さえあれば、それで幸せになれる**んです。

そしてそれが人生で一番、必要な力です。正しいか、正しくないかではありません。「これがあのときの最善で、これでよかったんだ！」と自分で思えることこそがあなたを幸せにしてくれるんです。

27

全部できなくても大丈夫。
幸せは、
たった一つを続けることから

いよいよ、最後になりました。ここまでおつきあいくださり、どうもありがとうございます。が、しつこく、ひと言。**ここに紹介してきたことを全部しなければと思わないでくださいね。**全部できるようになったからといって、幸せになれるのではない、ということをもう一度、お伝えしておきます。

この本を手にするあなたは、自分では気づいていないかもしれませんが、まじめで勤勉で、仕事も家事も人づきあいも完璧にこなそうとがんばっている人のはず。でも、**全部できることをゴールにはしないで**ください。

「全部できるようにならなくちゃ」と思うと、苦しくないですか？

「ああ、またできてない」と暗い気持ちになりませんか？

それより、一つでも二つでもいいから（しつこい？　笑）、どれかを長く続けてみてほしいんです。「正しさにふり回されない」「怒りの裏側にある気持ちを見るようにする」などどれでもいい。いくつかでいいので、続けてください。何かが変わり、動き始めるのは、きっとそれから。

継続は力なり。私の大好きな言葉を贈ります。

山﨑洋実（やまさき・ひろみ）

通称ひろっしゅコーチ。ライフコミュニケーションコーチ。「Fine-Coaching」主宰。1971年静岡県生まれ。大手英会話学校勤務時代に、接客＆人材育成の楽しさを知る。2000年にコーチングに出会い体系的に学ぶうちに、仕事を通じて培ってきたスキルがコーチングだったと知る。出産後、コーチングを基本に独自のママ向けプログラムを開発。2004年より、身近なママ友に伝え始めた講座「ママのイキイキ応援プログラム」（通称・ママイキ）は、常に笑いあり涙ありの心に響く講座として、瞬く間に口コミで全国区へ。これまで開催された「ママイキ」は220期を超える。雑誌掲載、テレビ出演も多数。
著書に『ママでいるのがつらくなったら読むマンガ』『子どもの心が見えなくなったら読むマンガ』（ともに主婦の友社）、『子育てに悩んでいるお母さんのための心のコーチング』（青春出版社）、『金のママ語』（永岡書店）などがある。

ブックデザイン　細山田光宣＋鈴木あづさ（細山田デザイン事務所）
イラスト　雨月衣
編集協力　橘内実佳

あなたはあなたのままでいい！
自分《じぶん》とうまく　つきあう方法《ほうほう》27

2015年 5月14日　第1刷発行
2020年 1月20日　第6刷発行

著者　山﨑洋実《やまさきひろみ》

発行者　渡瀬昌彦
発行所　株式会社 講談社
〒112-8001 東京都文京区音羽 2-12-21
電話　編集　(03)5395-3529
販売　(03)5395-4415
業務　(03)5395-3615
印刷所　株式会社新藤慶昌堂
製本所　株式会社国宝社

ISBN978-4-06-219505-8